AF332861

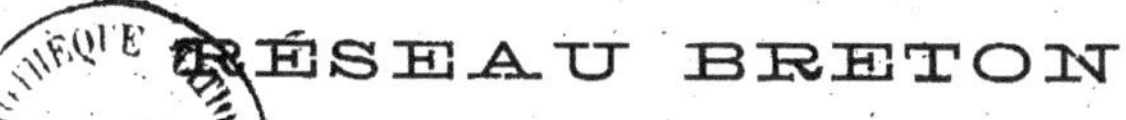

RÉSEAU BRETON

STATUT DU PERSONNEL

SOMMAIRE

LIVRE PREMIER
Personnel non commissionné

LIVRE II
Personnel commissionné

LIVRE III
Personnel à service discontinu....... 31

Ⓒ

RÉSEAU BRETON

STATUT DU PERSONNEL [1] [2]

LIVRE PREMIER

PERSONNEL NON COMMISSIONNÉ

TITRE PREMIER

Définition.

ARTICLE PREMIER

Sont compris dans le personnel relevant du présent livre les agents à service continu désignés ci-après, remplissant des emplois du cadre permanent :

1° Les agents majeurs à l'essai ;

2° Les agents majeurs réformés ou ajournés par l'Autorité militaire présents au Réseau pendant le séjour de leur classe de mobilisation sous les drapeaux ;

3° Les agents mineurs.

---

[1] Le mot « Agent » employé dans le présent statut s'applique aux Agents et Ouvriers de l'un et l autre sexe pour toutes dispositions autres que celles qui visent le service militaire.

[2] Tant que l'État n'aura pas repris directement l'exploitation du Réseau Breton, le mot Directeur, employé dans le présent statut, s'appliquera au Directeur de la Société chargée de l'exploitation de ce Réseau. En conséquence, le Directeur est, dans la situation actuelle, le Directeur de la Société Générale des Chemins de fer économiques qui a été chargée par le décret du 5 mars 1887 de l'exploitation du Réseau Breton.

TITRE II

Recrutement.

ARTICLE 2

Conditions d'admission. Pour pouvoir être admis dans un emploi du cadre permanent tout candidat doit :

1° Etre Français ou naturalisé Français (1) ;

2° Remplir les conditions d'aptitude physique fixées par les règlements du Réseau (2) ;

3° Produire un extrait du casier judiciaire et un certificat de bonnes vie et mœurs ;

4° Avoir satisfait aux obligations de la loi militaire ;

5° Etre âgé de 18 ans au moins au jour de son admission et de 29 ans au plus (3) sauf dérogations résultant, au titre militaire, des lois et règlements d'administration publique ainsi que des conventions intervenues entre le Réseau et l'État en vertu de ces lois et règlements d'administration publique.

La limite d'âge inférieure pourra être abaissée, dans les conditions prévues par le règlement du Réseau (2) pour les candidats à certains emplois spéciaux. Un tableau annexé au règlement du Réseau (2) déterminera la liste de ces emplois.

Il pourra également être dérogé à la condition du maximum d'âge pour les veuves d'agents ou pour l'admission à certains emplois comportant des connaissances spéciales ;

6° Avoir satisfait à l'examen ou au concours dont les conditions et le programme seront fixés par les règlements du Réseau (4).

---

(1) Cette condition ne s'applique pas aux Agents employés sur les parties du Réseau situées en dehors du territoire national. Il ne peut y être dérogé sur le dit territoire que dans des cas exceptionnels et justifiés.

(2) Voir article 48 du Livre II.

(3) A titre provisoire jusqu'au 1er Janvier 1925, le Réseau aura la faculté de porter cette limite à 35 ans.

(4) Voir article 48 du Livre II.

Peuvent être dispensés de cet examen les candidats sortis de certaines écoles spéciales ou pourvus de certains diplômes.

Un tableau spécial déterminera la liste de ces écoles et diplômes.

Pour l'accès aux emplois de début, la préférence est accordée, sous les réserves résultant, au titre militaire, des lois et règlements d'administration publique et des conventions visées au premier alinéa du 5° ci-dessus, et, en cas de concours, à égalité de notes, aux femmes et enfants d'agents en activité, retraités, réformés ou décédés ; la même préférence est accordée aux petits-enfants, frères ou sœurs, neveux ou nièces, petits-neveux ou petites-nièces des agents en activité, retraités ou réformés quand ils sont à la charge de ces agents et habitent avec eux. Les intéressés doivent, pour bénéficier de cette préférence, remplir les conditions réglementaires d'admission à l'emploi qu'ils postulent.

ARTICLE 3

Admission à l'essai.   Pour les candidats remplissant les conditions fixées à l'article précédent, le Chef des Services (1) ou son délégué statue sur l'admission à l'essai.

Celle-ci doit avoir lieu dans un des emplois de début dont la liste est fixée par les règlements du Réseau (2), sauf dérogations résultant, au titre militaire, des lois et règlements d'administration publique ainsi que des conventions intervenues entre le Réseau et l'État en vertu de ces lois et règlements d'administration publique.

Par exception, les candidats sortis de certaines écoles spéciales ou pourvus de certains diplômes ou justifiant d'expérience et de connaissances acquises dans leurs fonctions ou par leurs études antérieures peuvent être nommés à un emploi de grade plus élevé

Un tableau spécial déterminera la liste de ces écoles et diplômes où celles des justifications à fournir, ainsi que la liste des emplois

---

(1) On entend par Chef des Services, le Chef d'Exploitation du Réseau Breton.
(2) Voir article 48 du Livre II.

correspondants et les proportions maxima dans lesquelles pour chacun de ces emplois le recrutement pourra être assuré parmi des candidats remplissant les conditions fixées par ledit tableau.

ARTICLE 4

Confirmation dans l'emploi. — Commissionnement.

Au cours de leur période d'essai, dont la durée est d'un an, les agents dont le service ne donne pas satisfaction sont licenciés par décision du Chef des Services.

Tout agent avant d'être licencié est mis à même de fournir ses observations écrites.

A l'expiration de la période d'essai, les agents admis par application de l'article 2 et donnant satisfaction sont confirmés dans leur emploi par décision du Chef des Services, s'il s'agit d'agents mineurs. Ils sont commissionnés par décision du Directeur s'il s'agit d'agents majeurs ; toutefois, les agents majeurs visés au 2° de l'article 1ᵉʳ sont simplement confirmés dans leur emploi.

Tout agent doit avoir subi, dans les deux mois qui précèdent la date du commissionnement, une visite devant un Médecin du Réseau pour constater qu'il remplit les conditions d'aptitude physique fixées par les règlements (1).

TITRE III

Notes annuelles. — Gratifications.

ARTICLE 5

Notes.

A la fin de chaque année, chaque agent ayant au moins 3 mois de service reçoit du ou des agents de grade supérieur désignés par le Chef des Services une note cotée de 0 à 20 et tenant compte de sa valeur professionnelle, de sa conduite, de son travail et de la difficulté du ou des postes tenus dans l'année.

(1) Voir article 48 du Livre II.

Cette note est arrêtée par le Chef des Services s'il s'agit d'agents ayant moins d'un an de service.; pour les agents ayant au moins un an de service, elle est soumise à l'examen de la commission prévue à l'article 22 du Livre II et arrêtée définitivement par le Directeur, conformément à la procédure fixée au Livre II.

La note, une fois arrêtée définitivement, est communiquée à l'intéressé.

ARTICLE 6

Gratifications.

A la fin de chaque année, les agents comptant au moins un an de service et bien notés peuvent recevoir une gratification dont la quotité est fixée par le Chef des Services sur la proposition des Chefs directs de l'agent.

TITRE IV

Mesures disciplinaires.

ARTICLE 7

Mesures disciplinaires.

Les mesures disciplinaires dont peuvent être frappés les agents sont :

a) Le rappel à l'ordre ;
b) Le blâme sans inscription au dossier ;
c) Le blâme avec inscription au dossier ;
d) Le dernier avertissement ;
e) Le congédiement par mesure disciplinaire.

Ces punitions sont à la décision du Chef des Services.

Toute nouvelle faute commise dans le délai de douze mois à partir de la notification d'un dernier avertissement et comportant une punition à la décision du Chef des Services entraîne nécessairement le congédiement par mesure disciplinaire.

Les mesures prévues au deuxième alinéa de l'article 4 sont applicables au congédiement par mesure disciplinaire.

Les mesures disciplinaires sont prises personnellement et sans délégation par le fonctionnaire ci-dessus qualifié ou, le cas échéant, par celui qui est régulièrement désigné pour le remplacer dans ses fonctions.

ARTICLE 8

Suspension.

L'agent qui compromet l'exécution du service ou qui commet une faute grave peut être immédiatement suspendu par le Chef des Services jusqu'à ce qu'il ait été statué définitivement sur son sort.

La suspension entraîne, outre l'ajournement de tous droits à l'avancement, la privation totale du traitement ou salaire et la suppression de tous les avantages accessoires (facilités de circulation, fournitures diverses, etc.).

Sauf en cas d'abandon de poste, si le Chef des Services, après instruction, ne prononce contre lui aucune punition, l'intéressé a droit à la restitution du traitement ou du salaire retenu. Il recouvre alors tous les droits à l'avancement, éventuellement avec effet rétroactif.

TITRE V

Mutations, Congés, Maladies, Occupations étrangères au service.

ARTICLE 9

Mutations, Congés, Maladies, Occupations étrangères au Service.

Les dispositions des articles 2, 3, 4, 6 et 7 du Livre II sont applicables aux agents sortis de la période d'essai.

En cas de blessure ou de maladie, les agents à l'essai restent soumis aux dispositions résultant des lois et règlements d'Administration publique en vigueur.

TITRE VI

Dispositions diverses.

ARTICLE 10

Agents appelés sous les drapeaux.

Les anciens agents libérés du service militaire et qui ont donné satisfaction peuvent, s'ils en font la demande dans un délai de six mois à partir de la libération de leur classe, être repris sans examen dans l'ordre de leur durée de service au Réseau et au fur et à mesure des places disponibles, dans l'emploi qu'ils occupaient avant leur départ, sous réserve qu'ils continuent à remplir les conditions fixées aux paragraphes 2 et 3 de l'article 2. Ils sont soumis à leur réadmission à une période d'essai d'un an.

ARTICLE 11

Interdiction des recommandations.

Les dispositions des articles 46 et 47 du Livre II sont applicables au personnel soumis aux dispositions du présent Livre.

LIVRE II

PERSONNEL COMMISSIONNÉ

Article premier

Recrutement du personnel commissionné. Formes du Commissionnement.

Les dispositions du présent Livre sont applicables au personnel commissionné à service continu.

Ce personnel se recrute :

1° Parmi les agents à service continu admis au commissionnement dans les conditions prévues au Livre I ;

2° Parmi les anciens militaires dispensés du stage par les lois et règlements d'administration publique.

Le commissionnement est constaté par la remise d'un titre de nomination, délivré par le Directeur, indiquant l'emploi, la classe et le traitement ou salaire.

TITRE PREMIER

Congés, maladies, changements de résidence pour convenances personnelles, occupations étrangères au service.

Article 2

Congés.

Indépendamment des cinquante-deux jours de repos hebdomadaire, les agents commissionnés à service continu ont droit à un congé de quinze jours payés (1) dans lesquels ne seront pas comptés les jours de repos hebdomadaire. A moins d'une autorisation spéciale, ils ne pourront être absents pendant plus de dix-sept jours consécutifs.

Le congé est accordé en tenant compte des convenances des agents dans la mesure où elles sont compatibles avec les exigences du service.

Lorsque par suite des nécessités du service les congés n'ont pu être accordés dans l'exercice en cours, ils sont accordés dans le premier trimestre de l'exercice suivant.

Le Chef des Services peut accorder, en outre, dans certains cas définis par les règlements, des congés supplémentaires avec solde jusqu'à concurrence de cinq jours et des congés supplémentaires sans solde, sans que l'ensemble des congés obtenus dans l'année puisse dépasser trente jours.

En plus de ces congés, le Directeur peut accorder des congés avec ou sans solde.

En dehors des congés déterminés par le présent article, des congés seront accordés pour l'accomplissement des fonctions syndicales dans les conditions définies au règlement du Réseau (2).

Article 3

Agents blessés en service.

Les agents blessés en service reçoivent leur traitement ou salaire fixe entier (3) jusqu'au jour où le Médecin du Réseau déclare que l'intéressé peut reprendre son service ou jusqu'au jour de la mise à la réforme.

Si l'intéressé conteste qu'il soit en état de reprendre son service à la date indiquée, il est statué par le Médecin-Chef du Réseau (4).

---

(1) Pendant la durée de leur congé annuel, les Agents toucheront, en plus de leur traitement ou salaire fixe proprement dit, l'indemnité de résidence, les indemnités de cherté de vie et de charges de famille.

(2) Voir article 48.

(3) Voir renvoi (1) article 2.

(4) Par Médecin-Chef du Réseau on entend le Médecin en Chef de la Société Générale des Chemins de fer Economiques, tant que cette Société aura la gestion du Réseau Breton.

Les célibataires hospitalisés aux frais du Réseau et n'ayant à leur charge ni ascendant, ni enfant naturel reconnu ne touchent que la moitié du traitement ou salaire fixe.

Pour tous les agents, si la blessure est due à une faute inexcusable de la victime au sens de la loi du 9 avril 1898, il n'est payé que la moitié du traitement ou salaire fixe.

L'intéressé peut d'ailleurs demander l'application, pour toute la durée de son incapacité, du régime de la loi du 9 avril 1898, s'il estime ce régime plus favorable que celui qui est défini par le présent article.

ARTICLE 4

Maladies ou blessures reçues en dehors du service. En cas de maladie ou de blessure reçue en dehors du service, dûment constatée par le Médecin du Réseau et ne résultant pas d'ivresse, les agents ont droit, tant qu'ils ne sont pas réformés :

1° Aux soins gratuits du Médecin du Réseau ;

2° Au traitement ou salaire fixe entier à partir du cinquième jour de chaque interruption et pour une période qui ne peut dépasser cent vingt jours.

L'intéressé pourra, sur constatation régulière de la maladie par le Médecin du Réseau, et en vertu d'une décision du Chef des Services, obtenir le paiement du traitement fixe entier tel qu'il a été défini au renvoi (1) de l'article 2, pendant les quatre premiers jours de la maladie ;

3° A la moitié du traitement ou salaire fixe pour une période qui ne peut dépasser quatre-vingt-dix jours au delà de la période précédente.

Les célibataires hospitalisés aux frais du Réseau et n'ayant à leur charge ni ascendant, ni enfant naturel reconnu ne touchent que la moitié de ces allocations.

Sur la proposition du Chef des Services et après avis du Médecin du Réseau, le Directeur peut exceptionnellement autoriser le paiement de la totalité ou de la moitié du traitement ou salaire fixe au delà des périodes fixées aux 2° et 3° ci-dessus.

Si dans les douze mois qui ont précédé le début de la maladie ou de la blessure l'agent a reçu tout ou partie de son traitement ou salaire afférent à des journées d'absence pour blessures reçues en dehors du service ou pour maladie, la durée des périodes limites de cent vingt et quatre-vingt-dix jours visées ci-dessus est diminuée du total des journées d'absence ainsi entièrement ou partiellement payées dans ces douze mois.

L'interruption pour accouchement ne doit pas entrer en ligne de compte dans la durée des absences pour maladie pendant les quatre semaines qui suivent la délivrance, ni pendant les quatre semaines qui la précèdent si le Médecin du Réseau constate que l'intéressée ne peut continuer à travailler sans danger pour elle-même ou pour l'enfant.

ARTICLE 5

Disponibilité.

Les agents peuvent être mis en disponibilité sans traitement, sur leur demande, pendant une période n'excédant pas trois ans, dans des circonstances exceptionnelles et par décision spéciale du Directeur.

Peuvent être mises en situation de disponibilité sans traitement les employées qui en font la demande en vue d'allaiter ou soigner leurs enfants nouveau-nés.

La mise en disponibilité peut être renouvelée par décision spéciale.

Tous droits à l'avancement sont suspendus au cours de la période de disponibilité.

Au cours de cette période, les agents peuvent, avec l'autorisation du Directeur, conserver pendant quatre ans leurs droits à la retraite, à charge par eux de faire les versements totaux qui, en vertu du règlement des retraites, incombent tant à eux-mêmes qu'au Réseau.

ARTICLE 6

**Changement de rési-
dence pour convenances
personnelles.**

A moins de circonstances exceptionnelles, les demandes de changement de résidence pour convenances personnelles ne sont pas examinées si l'agent n'a pas une durée minima de séjour dans le poste qu'il demande à quitter.

Cette durée est d'un an pour la première demande de changement de résidence et de deux ans pour les suivantes.

ARTICLE 7

Interdiction de se livrer au commerce.

Il est interdit aux agents de tout grade de tenir un commerce ou de se servir de leur titre ou des facilités particulières que leur confère leur fonction pour participer à une opération ayant un caractère commercial.

Il leur est interdit également de laisser les personnes habitant avec eux tenir une auberge ou un débit de boissons dans le voisinage du lieu où ils exercent leurs fonctions.

Il leur est enfin interdit de recevoir, pour les opérations qu'ils ont à exécuter en raison de leurs fonctions, aucune rémunération de collectivités ou de particuliers.

Sauf autorisation spéciale du Directeur, ils ne peuvent être, à aucun titre, administrateurs ou agents d'une entreprise commerciale quelconque étant ou pouvant se trouver en relations avec le réseau, ni entrepreneurs ou fournisseurs du Réseau ou employés par ces derniers.

TITRE II

Représentation du personnel

ARTICLE 8

Division du personnel en catégories.

Dans chacun des services de l'Exploitation, de la Voie et des Travaux, du Matériel et de la Traction et de l'Administration centrale, les agents des services actifs et des bureaux sont groupés par catégories en vue de leur représentation.

Les catégories sont constituées conformément aux indications du tableau A annexé.

Article 9

<table><tr><td>

Délégués auprès du Chef des Services.

</td><td>

Les Agents d'une même catégorie élisent parmi eux :

1° Des délégués titulaires à raison de 2 par catégorie ;
2° Des délégués suppléants à raison de 2 par catégorie.

Ces délégués sont appelés à conférer tous les trois mois avec le Chef des Services, pour lui soumettre leurs desiderata relativement à l'organisation du travail, à l'hygiène, à la sécurité et à toutes les questions d'ordre général intéressant le service. Ils collaborent en outre avec le Chef des Services, dans les conditions indiquées au titre III, à l'établissement des listes de gratifications, bonifications d'ancienneté, chevrons et des tableaux d'aptitude.

</td></tr></table>

Article 10

<table><tr><td>

Réunions des délégués auprès du Chef des Services.

</td><td>

Les ordres du jour des réunions trimestrielles prévues à l'article précédent sont communiqués quinze jours à l'avance par le Chef des Services aux délégués du Personnel, ceux-ci peuvent, dans les huit jours, demander l'inscription à l'ordre du jour de questions les intéressant et rentrant dans les attributions du Chef des Services. En dehors de ces réunions périodiques, des conférences spéciales, entre les délégués et le Chef des Services, peuvent être décidées par celui-ci, soit de sa propre initiative, soit sur la demande des délégués.

</td></tr></table>

Article 11

<table><tr><td>

Délégués auprès du Directeur.

</td><td>

Les délégués titulaires auprès du Chef des Services élisent parmi eux les délégués auprès du Directeur dans les conditions suivantes :

Le nombre des délégués est de cinq, savoir :

Un pour le Service de l'Exploitation ;
Un pour le Service du Matériel et de la Traction ;
Un pour le Service de la Voie ;
Un pour les Services Centraux.
Un choisi dans n'importe quel service.

</td></tr></table>

Les élections ont lieu par groupe ou réunion de groupes, dans les conditions indiquées par un règlement du réseau (1). Chaque groupe ou réunion de groupes désigne, en outre du délégué titulaire, un délégué suppléant.

L'ensemble des cinq délégués forme une délégation unique. Les conférences portent uniquement sur les questions d'ordre général ; les questions communes à deux ou plusieurs services sont directement portées devant le Directeur qui connaît en outre des questions préalablement examinées dans les conférences auprès du Chef des Services sur lesquelles une décision définitive n'a pu intervenir au cours de ces conférences.

Les conférences auprès du Directeur ont lieu semestriellement ; les ordres du jour en sont communiqués un mois à l'avance aux délégués qui, dans les huit jours, peuvent réclamer l'inscription d'autres questions d'ordre général.

ARTICLE 12

Durée du mandat des délégués.

Les délégués aux différents degrés sont élus pour trois ans et sont rééligibles.

ARTICLE 13

Rôle des délégués suppléants. — Élections partielles.

Un délégué suppléant n'est appelé à exercer une fonction quelconque de délégué qu'à défaut d'un titulaire.

Un délégué titulaire manquant ou empêché est remplacé par un de ses suppléants dans l'ordre du tableau.

Tout délégué ou délégué suppléant qui vient à quitter le réseau pour une cause quelconque, ou qui est mis en disponibilité, ou qui change de catégorie ou de service, perd sa qualité de plein droit.

Il n'y a lieu à élections partielles pour les délégués auprès du Chef des Services, et, pour les délégués auprès du Directeur, que si un groupe ou réunion de groupes d'un service n'est plus représenté.

---

(1) Voir l'article 48.

ARTICLE 14

Les opérations auxquelles un ou plusieurs délégués n'assistent pas sont valables si tous les délégués intéressés ont été touchés par une convocation régulière huit jours au moins à l'avance.

Tout membre d'une Commission doit s'abstenir de prendre part aux délibérations auxquelles il est personnellement intéressé.

ARTICLE 15

Les catégories fixées au tableau A annexé, peuvent être modifiées par le Directeur après avis des délégués représentant auprès de lui le service intéressé.

TITRE III

Bonifications d'ancienneté et retards à l'avancement.
Gratifications. — Chevrons. — Avancements en grade.

CHAPITRE PREMIER

Bonifications d'ancienneté et retards à l'avancement. — Gratifications.

ARTICLE 16

Le passage dans un même grade d'un échelon à l'échelon supérieur s'effectue normalement à l'expiration du délai indiqué aux échelles de rémunération.

Ce délai peut être réduit ou augmenté par des bonifications d'ancienneté ou retards à l'avancement.

Les bonifications d'ancienneté sont attribuées annuellement aux agents les plus méritants et ont une valeur de un, deux, trois ou quatre mois.

Le nombre total d'agents bénéficiant des bonifications d'ancienneté ne peut dépasser le tiers de l'effectif des agents du grade.

Dans ces limites, la proportion des bonifications de un, deux, trois et quatre mois est réglée par les dispositions générales annexées aux échelles de rémunération.

Les retards d'avancement sont prononcés par mesures disciplinaires dans les conditions fixées au titre IV du présent Statut.

L'avancement peut être, en outre, retardé dans les conditions fixées par les règlements du réseau (1) en cas de maladie prolongée entraînant réduction de la solde.

Article 17

Gratification.

A chaque échelon de chaque grade correspondent, dans les conditions prévues aux échelles de rémunération, une gratification normale, 4 degrés de gratifications majorées et 4 degrés de gratifications réduites.

Les agents dont la note de mérite fixée comme il est dit ci-dessous est supérieure ou égale à 12, reçoivent au moins la gratification normale ; ceux pour lesquels cette note est comprise entre 11 et 8 reçoivent une gratification réduite, ceux pour lesquels cette note est inférieure à 8 ne reçoivent aucune gratification.

La gratification peut être réduite ou supprimée par mesure disciplinaire. Elle peut également être réduite en raison du nombre total pendant l'exercice des jours de maladies ne résultant pas du service.

Les taux des gratifications normales, majorées et réduites, et le nombre maximum de gratifications majorées de chaque taux, accordés aux agents d'un même grade, sont fixés dans les dispositions générales annexées aux échelles de rémunération.

Article 18

Tableaux et listes de classement.

L'attribution des bonifications d'ancienneté et des gratifications est faite pour chaque grade au moyen de tableaux de classement. Ces tableaux de classement sont dressés par service, pour l'ensemble du Réseau, dans le dernier trimestre de l'année.

---

(1) Voir article 48.

Sur les tableaux de classement, comme sur les listes qui servent à les établir, les agents sont rangés d'après leur note de mérite et à égalité de cette note par ordre d'ancienneté dans le grade.

ARTICLE 19

Propositions au
1er degré.

A la fin de chaque année, chaque agent reçoit du ou des agents de grades supérieurs désignés pour chaque grade par le Directeur, une note de mérite cotée de 0 à 20 et tenant compte de sa valeur professionnelle, de sa conduite et de son travail et de la difficulté du ou des postes tenus dans l'année.

Cette note est complétée par une appréciation générale des qualités de l'intéressé.

La note numérique et l'appréciation écrite sont inscrites, pour chaque agent, sur une feuille signalétique dont le modèle est arrêté par le Directeur.

ARTICLE 20

Classement des feuilles
signalétiques.

Les feuilles signalétiques sont transmises au Chef des Services groupées par grades et classées dans l'ordre prévu au dernier alinéa de l'article 18.

ARTICLE 21

Intervention du Chef
des Services.

A l'aide des listes de classement des agents, le Chef des Services dresse, après avoir revisé s'il y a lieu les notes de mérite, des tableaux de classement pour l'ensemble du Réseau.

ARTICLE 22

Intervention
des Commissions
Régionales.

Les tableaux de classement dressés par le Chef des Services, accompagnés, s'il y a lieu, des observations présentées au sujet des listes de classement, sont examinés par une Commission Régionale.

Cette Commission est composée :

1° Du Chef des Services assisté de deux fonctionnaires désignés par le Directeur ;

2° Des deux Délégués auprès du Chef des Services de la catégorie à laquelle appartiennent les agents intéressés.

Le Chef des Services apporte aux notes de mérite et aux tableaux de classement les corrections pour lesquelles il y a accord entre lui et les délégués.

Les tableaux sont transmis au Directeur. Ceux pour lesquels l'accord n'est pas complet entre le Chef des Services et les délégués sont accompagnés des observations du Chef des Services et de celles des délégués.

ARTICLE 23

Décision du Directeur.   Sur le vu des propositions qui lui sont transmises par le Chef des Services et, s'il y a lieu, des observations qui ont été présentées par les délégués, le Directeur arrête les tableaux.

CHAPITRE II
Chevrons.

ARTICLE 24

Chevrons.   Le chevron est un supplément exceptionnel de traitement accordé à un agent particulièrement méritant parvenu à l'échelon supérieur de son grade.

Les chevrons, au nombre de deux, sont attribués exclusivement au choix et suivant les règles indiquées dans les dispositions générales annexées aux échelles de rémunération.

Il est dressé pour les agents susceptibles de recevoir des chevrons des listes de classement à l'aide desquelles sont établis des tableaux de classement.

Les listes et tableaux de classement sont dressés suivant la procédure indiquée au Chapitre Iᵉʳ.

CHAPITRE III

Avancements en grade.

ARTICLE 25

Tableaux d'aptitude.

Dans le dernier semestre de chaque année il est établi pour l'année suivante un tableau d'aptitude pour chaque grade ou chacun des emplois spéciaux que ce grade peut comporter.

Nul ne peut recevoir un avancement en grade s'il ne figure sur le tableau d'aptitude pour ce grade.

Les tableaux d'aptitude sont dressés pour l'ensemble du Réseau.

Les tableaux d'aptitude sont valables du 1er janvier au 31 décembre de l'année pour laquelle ils sont établis.

Si, au moment de l'établissement d'un tableau annuel le tableau précédent n'est pas épuisé, les agents qui y demeurent entrent en ligne avec tous les autres agents pour l'inscription au nouveau tableau. S'ils sont jugés aptes à y figurer ils sont inscrits en tête dans l'ordre même de leur inscription au tableau précédent.

ARTICLE 26

Dérogations à l'ordre du tableau. — Radiation des agents qui refusent le poste auquel ils sont appelés.

Il peut être exceptionnellement dérogé pour les promotions de grade à l'ordre du tableau d'aptitude par suite de nécessité de service appréciée par le Chef des Services ou en raison de l'aptitude spéciale d'un agent.

Est rayé provisoirement du tableau d'aptitude tout agent qui, à moins d'un motif valable admis par le Directeur, refuse le poste auquel il est appelé. Le Directeur statue définitivement après avis de la Commission qui a établi le tableau.

ARTICLE 27

Les tableaux d'aptitude sont établis sans concours préliminaire ou après concours.

Le Directeur fixe les grades qu'il faut avoir et les conditions qu'il faut remplir dans ces grades pour être admis à concourir pour un grade supérieur. Il arrête d'autre part la liste des grades auxquels on ne peut accéder qu'après concours. Avant d'arrêter ses décisions, le Directeur prend l'avis du Chef des Services et des délégués du personnel dans les conditions fixées par un règlement du Réseau (1).

En vue de l'établissement des tableaux d'aptitude chaque agent reçoit, pour chacun des grades supérieurs auxquels il est susceptible d'accéder, une note d'aptitude allant de 0 à 5 justifiée par une appréciation écrite et tenant compte de l'expérience acquise par l'agent dans ses fonctions antérieures, des qualités nécessaires dans le grade supérieur et, quand il n'y a pas concours, des résultats des examens professionnels qui peuvent être institués pour certains grades par les règlements du Réseau.

Les notes d'aptitude et leur justification écrite figurent sur les feuilles signalétiques ; elles sont arrêtées dans les conditions indiquées au chapitre Ier pour la note de mérite.

Ne peuvent être inscrits au tableau d'aptitude pour un grade que les agents qui ont reçu pour ce grade une note d'aptitude au moins égale à 3.

ARTICLE 28

Les tableaux d'aptitude pour les grades auxquels on accède sans concours sont établis :

Par le Chef des Services assisté de deux agents désignés par le Directeur et des deux délégués auprès du Chef du Service de la catégorie à laquelle ressortit le grade à obtenir.

(1) Voir article 48.

Pour chaque grade, les agents sont classés dans l'ordre obtenu en additionnant leur note de mérite et leur note d'aptitude pour ce grade multipliée par 4 ; en casd'égalité du total obtenu, le classement est fait par ordre d'ancienneté de grade.

ARTICLE 29

Les concours préliminaires à l'établissement des tableaux ont lieu dans un centre désigné par le Chef des Services,

Les délégués régionaux de la catégorie à laquelle ressortit le grade à obtenir participent à toutes les opérations du jury.

Celui-ci délègue à une Commission régionale la surveillance des épreuves écrites, communes à l'ensemble du réseau, dont il a arrêté les listes.

Le classement se fait à la suite de chaque concours en additionnant :

1° La note de mérite pour les services antérieurs ;

2° La note d'aptitude au grade supérieur multipliée par un coefficient variant de 1 à 4 suivant le grade à obtenir;

3° La note moyenne du concours (1), multipliée par un coefficient variant de 1 à 10 suivant le grade à obtenir.

Dans le cas où plusieurs agents ont un total de points égal ils sont rangés par ordre d'ancienneté de grade.

---

(1) La note moyenne du concours s'obtient en multipliant par le coefficient qui lui est affecté la note, cotée de 0 à 20, qui est obtenue pour chaque épreuve et en divisant le total ainsi obtenu par la somme des coefficients.

CHAPITRE IV

Dispositions diverses.

ARTICLE 30

S'il y a lieu de tenir temporairement un emploi vacant, on ne devra en principe faire appel qu'à des agents inscrits au tableau d'aptitude pour le grade de l'emploi à assurer.

Le cas de tout agent, ayant occupé pendant six mois consécutifs un emploi vacant de grade supérieur au sien sans être inscrit au tableau pour ce grade, sera signalé au Chef des Services pour en tenir compte, s'il y a lieu, au cours des travaux de la Commission intéressée.

ARTICLE 31

Dans la notation des agents il doit être fait usage de tous les degrés des échelles des notes, de manière à obtenir, pour chaque grade, des moyennes comparables qui permettent de réaliser l'unité de notation sur l'ensemble du réseau.

Les punitions n'influent pas sur les notes lorsqu'elles sanctionnent des fautes résultant de défaillances passagères; il en est différemment lorsqu'elles sont la marque d'une insuffisance professionnelle, d'un mauvais travail habituel ou d'une mauvaise conduite habituelle.

ARTICLE 32

Les feuilles signalétiques sont mises à la disposition des Membres de la Commission régionale huit jours au moins avant la date de leur réunion.

Elles sont communiquées à l'intéressé après fixation définitive de ses notes de mérite et d'aptitude.

ARTICLE 33

Préférence à donner dans certains cas aux agents en service sur les candidats de l'extérieur.

Quand dans un concours un agent du réseau et un candidat de l'extérieur ont obtenu la même note, la priorité est accordée à l'agent déjà en service.

Les emplois des Services Centraux sont réservés de préférence aux agents des services actifs susceptibles de les remplir.

ARTICLE 34

Récompense des actes de vigilance, de dévouement, de probité.

Pour récompenser les actes de dévouement et de vigilance le Directeur peut accorder aux agents par décision motivée :

1° La mise à l'Ordre du jour du Réseau ;

2° Des gratifications exceptionnelles.

Il peut également récompenser les actes de probité par une lettre de félicitations personnelles ou par la mise à l'Ordre du jour du Réseau.

Enfin, pour les agents qui se sont spécialement distingués dans les cas difficiles, le Directeur peut, soit au moment de l'établissement des tableaux d'aptitude, soit en cours d'année, faire des inscriptions d'office au tableau, après avis des délégués auprès de lui du Service de l'agent intéressé. Le Directeur fixe dans ce cas le rang à attribuer à l'agent ainsi inscrit d'office.

ARTICLE 35

Limite d'application du Titre III.

Les dispositions du présent titre ne s'appliquent pas :

1° En ce qui concerne les notes de mérite, les notes d'aptitude, le mode d'attribution des bonifications d'ancienneté, des gratifications et des chevrons aux agents des échelles 15 et au-dessus ;

2° Pour l'accession aux grades des échelles 15 et au-dessus.

Pour l'attribution des bonifications d'ancienneté, des gratifications et des chevrons et pour l'avancement en grade des agents visés aux deux alinéas précédents, il est statué par le Directeur, sur propositions des Chefs de l'agent.

TITRE IV

Mesures disciplinaires.

ARTICLE 36

Les mesures disciplinaires dont peuvent être frappés les agents sont :

a) Punitions prononcées par le Chef des Services :

1° le rappel à l'ordre ;

2° le blâme sans inscription au dossier ;

3° le blâme avec inscription au dossier ;

4° le blâme avec réduction de la gratification ;

b) Punitions prononcées par le Directeur :

5° le blâme du Directeur avec réduction de la gratification ;

6° le blâme du Directeur avec retard d'avancement d'un à quatre mois ;

7° le blâme du Directeur avec descente d'un échelon de traitement ;

8° le déplacement par mesure disciplinaire ;

9° la rétrogradation à un grade inférieur ;

10° le dernier avertissement ;

11° la radiation des cadres ;

12° la révocation

Toutes les punitions supérieures à celle 5° entraînent la suppression de toute gratification et, s'il y a lieu, la radiation du tableau d'aptitude.

Toute faute nouvelle commise dans le délai de douze mois à partir de la notification d'un dernier avertissement et comportant une punition prononcée par le Directeur, entraîne la radiation des cadres ou la révocation.

Les fonctionnaires ci-dessus qualifiés, ou ceux qui sont régulièrement désignés pour les remplacer dans leurs fonctions, prononcent personnellement et sans délégation les mesures disciplinaires relevant de leur compétence.

ARTICLE 37

Cas de révocation de
plein droit.

Entraînent la révocation de plein droit les condamnations sans sursis pour assassinat, meurtre, vol, concussion, escroquerie, abus de confiance, attentat à la pudeur, tentative d'assassinat, de meurtre, de vol et de concussion.

ARTICLE 38

Suspension.

Tout agent qui compromet l'exécution du service ou qui commet une faute grave peut être immédiatement affecté à d'autres fonctions ou suspendu jusqu'à ce qu'il ait été statué définitivement sur son sort.

L'affectation à d'autres fonctions et la suspension sont prononcées par le Chef des Services. Il en est immédiatement rendu compte au Directeur.

La suspension entraîne la privation totale du traitement ou salaire dans le cas où l'agent a abandonné son poste ou s'est rendu coupable des crimes ou délits indiqués à l'article précédent et où il y a aveu du coupable, flagrant délit ou incarcération préventive. Elle entraîne également la suppression de tous les avantages accessoires (facilités de circulation, fournitures diverses, etc.). Sauf dans le cas d'abandon de poste, si le Directeur, après instruction, ne prononce contre lui aucune punition qui l'exclue du Réseau, l'intéressé a droit à la restitution du traitement ou du salaire retenu. Il recouvre tous ses droits à l'avancement, éventuellement avec effet rétroactif.

ARTICLE 39

Instruction
des propositions
de punitions.

Les propositions de punitions sont présentées par les Chefs directs des intéressés et, s'il y a lieu, transmises par la voie hiérarchique à l'autorité compétente pour statuer.

L'intéressé doit, dans tous les cas, avoir été mis à même de fournir ses explications par écrit.

Lorsque la gravité de la faute entraîne le renvoi de l'affaire devant le Conseil d'enquête, l'intéressé doit toujours en être avisé par écrit.

ARTICLE 40

Conseil d'enquête.

Le Conseil d'enquête est appelé à donner son avis sur toutes les propositions de punitions réservées à la décision du Directeur.

Le Conseil d'enquête comprend, sous la présidence d'un délégué du Directeur :

1° Deux agents supérieurs, dont un au moins du Service de l'intéressé, désignés par le Directeur ;

2° Deux agents, dont un au moins du Service de l'intéressé, pris par roulement sur un tableau dressé par ordre d'ancienneté parmi les délégués du Personnel auprès du Chef des Services.

Il y aura un délégué suppléant par délégué titulaire.

Les délégués du personnel devront être d'un grade au moins égal à celui de l'agent qui passe devant le Conseil d'enquête.

En aucun cas, le Chef direct qui propose la punition ne peut siéger au Conseil d'enquête. L'agent traduit devant le Conseil d'enquête peut se faire assister par un défenseur de son choix pris parmi ses camarades du Réseau.

L'avis du Conseil d'enquête peut toujours être modifié en faveur de l'intéressé par le Directeur ; celui-ci ne peut le modifier dans un sens défavorable que si la décision du Conseil n'a pas été prise à l'unanimité des voix et à charge d'en rendre compte immédiatement au Ministre des Travaux Publics.

ARTICLE 41

Dispositions relatives
aux
agents rétrogradés.

L'agent rétrogradé par mesure disciplinaire concourt pour les augmentations et pour l'avancement avec les agents du grade dans lequel il a été remis.

Si la rétrogradation a été prononcée pour faute professionnelle, l'agent qui en a été l'objet peut, au bout de six mois à partir de la notification de cette punition, demander par écrit, avec motif à l'appui, qu'un examen spécial soit fait de sa situation.

Le Chef des Services, après examen de la situation, transmet au Directeur la demande de l'intéressé et sa proposition. Le Directeur peut inscrire d'office et à un moment quelconque ledit agent au tableau d'aptitude après avis des délégués ainsi qu'il est expliqué à l'article 34.

ARTICLE 42

Le Directeur statue, sans l'intervention du Conseil d'enquête, sur les propositions de punition à la suite de vols, escroqueries, abus de confiance et attentat à la pudeur ayant entraîné des condamnations avec sursis.

En cas de cessation collective ou concertée de service, toutes peines disciplinaires peuvent être prononcées par le Directeur, sans intervention du Conseil d'enquête.

TITRE V

Cessation des fonctions.

ARTICLE 43

Tout agent peut cesser ses fonctions au Réseau :
1° Par démission ;
2° Par mise à la retraite ;
3° Par mise à la réforme ;
4° Par radiation des cadres ;
5° Par révocation.

Tout agent qui a cessé de faire partie du personnel ne peut être réadmis au Réseau, sauf exception dûment admise par le Directeur.

ARTICLE 44

Les femmes dont la situation dépend de celle de leur mari quittent obligatoirement leur poste quand cette situation se modifie.

Elles n'ont droit à aucune indemnité si la nouvelle situation de leur mari ne comporte pas d'emplois pour elles ou si elle comporte un emploi moins rétribué que celui qu'elles occupaient antérieurement.

Les femmes ayant cessé leur service dans ces conditions peuvent être réadmises au Réseau. Elles sont dispensées d'accomplir un nouveau stage d'essai si leur réintégration se fait dans un emploi analogue à celui qu'elles ont occupé antérieurement.

ARTICLE 45

Démission. La démission donnée par un agent doit être écrite et datée.

Elle n'est valable qu'après avoir été acceptée par le Directeur.

Peut être considéré d'office comme démissionnaire tout agent qui, sauf dans le cas de force majeure, n'aura pas rejoint son poste dans le délai imparti par la décision qui l'y nomme.

TITRE VI
Dispositions générales.

ARTICLE 46

Interdiction d'introduire des recommandations dans les dossiers. Il ne doit figurer aucune recommandation ni dans les dossiers des candidats appelés à subir des examens et concours, ni dans ceux des agents en fonctions. Toute infraction à cette règle donnera lieu, contre l'agent qui aura prescrit le classement de la pièce au dossier, à des sanctions disciplinaires soit d'office, soit sur la plainte des intéressés, des Commissions régionales ou centrales, des jurys des concours ou des Conseils d'enquête devant lesquels la recommandation aura été produite.

Cette sanction sera au moins le blâme du Chef des Services.

Ne sont pas considérées comme des recommandations, les références professionnelles produites avant l'entrée au Réseau.

ARTICLE 47

Interdiction de répondre à des recommandations. Il est interdit, sous peine de sanctions disciplinaires, de répondre à des recommandations visant soit des candidats, soit des agents en fonctions.

ARTICLE 48

Accords des Réseaux pour la mise en vigueur des règlements prévus. Les règlements visés au présent Statut et les instructions générales pour son application seront établis par l'Administration du Réseau après entente avec les Administrations des autres Réseaux et avis des délégués auprès du Directeur.

LIVRE III

PERSONNEL A SERVICE DISCONTINU

ARTICLE PREMIER

Sont comprises dans le personnel relevant du présent Livre les femmes gardes-barrières et sémaphoristes, dites à service discontinu ou à faction non permanente, c'est-à-dire celles qui ont la faculté de quitter leur barrière ou leur guérite pour rentrer dans leur maison d'habitation.

Les femmes gardes-barrières à faction non permanente peuvent, en outre de leur fonction principale de gardes-barrières, être chargées de celle de gérante de halte dans les postes à service restreint ou de celle de préposée d'arrêt.

ARTICLE 2

Les dispositions des Livres I et II du présent Statut sont applicables aux femmes à service discontinu ci-dessus visées, à l'exception :

1° Du paragraphe 5° de l'article 2 du Livre Ier pour les femmes d'agents, en raison de la dépendance qui existe entre leur situation et celle de leur mari ;

2° Des articles 2, 24, 25, 26, 27, 28, 29, 30 et 33 du Livre II.

ARTICLE 3

Les femmes à service discontinu recevront, à titre de repos et congé, un total de 52 jours payés par an. La répartition de ces jours de repos et congé, pris isolément ou groupés, sera déterminée en tenant compte des desiderata des agents suivant les exigences du service ; le maximum des jours pouvant être groupés sera de 17, à moins d'une autorisation spéciale.

ANNEXE

TABLEAU A

Représentation du Personnel

Par application des articles 8 et 9 du titre II du Statut du Personnel, les catégories d'agents qui suivent élisent parmi eux deux délégués titulaires et deux délégués suppléants.

Exploitation
- Catégorie I. Homme d'équipe, Garçons de bureau.
- — II. Facteurs, Facteurs-Chefs préposés sous halle, Chefs de manœuvres aiguilleurs.
- — III. Agents des trains (Garde-freins et Chefs de train).
- — IV. Chefs de gare.

Voie
- Catégorie I. Cantonniers.
- — II. Chefs cantonniers.

Traction et Ateliers
- Catégorie I. Chauffeurs.
- — II. Mécaniciens.
- — III. Agents d'ateliers jusqu'au grade de contremaître exclusivement.

Bureaux | Catégorie unique. Employés et Employés principaux.

Agents femmes | Catégorie unique. Tous les agents femmes.

Statut et annexe arrêtés conformément aux décisions de la Commission d'arbitrage.

Paris, le 1er Novembre 1920.

11028 Soc. An. de l'Imp. MAULDE et RENOU, rue de Rivoli, 144.